# NATURAL MYSTIC
## The LEGEND Lives on

# BOB
# MARLEY
### and the WAILERS

D1027139

This publication is not for sale in
the E.C. and/or Australia
or New Zealand.

ISBN 0-7935-5152-8

Photos by Adrian Boot, Peter Murphy and Neville Garrick

# HAL•LEONARD™
## CORPORATION
7777 W. BLUEMOUND RD. P.O. BOX 13819 MILWAUKEE, WI 53213

# NATURAL MYSTIC
*The* LEGEND *Lives on*

# BOB MARLEY

*and the* WAILERS

# Natural Mystic

*Words and Music by Bob Marley*

There's a natural mystic
Blowing through the air
If you listen carefully now you will hear
This could be the first trumpet
Might as well be last
Many more will have to suffer
Many more will have to die
Don't ask me why
Things are not the way they used to be
I won't tell no lie
One and all got to face reality now

Though I try to find the answer
To all the questions they ask
Though I know it's impossible
To go living through the past
Don't tell no lie
There's a natural mystic
Blowing through the air
Can't keep them down
If you listen carefully now you will hear
Such a natural mystic
Blowing through the air

This could be the first trumpet
Might as well be the last
Many more will have to suffer
Many more will have to die
Don't ask me why
There's a natural mystic
Blowing through the air
I won't tell no lie
If you listen carefully now, you will hear

# Natural Mystic

*Words and Music by Bob Marley*

# Easy Skanking

*Words and Music by Bob Marley*

Easy skanking, skanking it easy
Easy skanking, skanking it slow (repeat)

Excuse me while I light my spliff
Oh GOD I gotta take a lift
From reality I just can't drift
That's why I am staying with this riff

Take it easy, easy skanking (repeat)
Got to take it easy, easy skanking
You see we're taking it easy
We taking it slow, taking it easy
Got to take it slow, so take it easy
Easy skanking, easy skanking
Oh take it easy, easy skanking

Excuse me while I light my spliff
Oh GOD I gotta take a lift
From reality I just can't drift
That's why I am staying with this riff

Take it easy, taking it easy
Got to take it easy, taking it slow
Take it easy, taking it easy
Skanky take it easy, taking it slow

Tell you what herb for my wine
Honey for my strong drink
Herb for my wine, honey for my
strong drink

I'll take it easy, taking it easy
Take it easy, skanking it slow
Take it easy, taking it easy
Take it easy, skanking it slow

# Easy Skanking

*Words and Music by Bob Marley*

# Iron Lion Zion

*Words and Music by Bob Marley*

I am on the rock and then I check a stock
I have to run like a fugitive to save the
life I live
I'm gonna be Iron like a Lion in Zion (repeat)
Iron Lion Zion
I'm on the run but I ain't got no gun
See they want to be the star
So they fighting tribal war
And they saying Iron like a Lion in Zion
Iron like a Lion in Zion,
Iron Lion Zion

I'm on the rock, (running and you running)
I take a stock, (running like a fugitive)
I had to run like a fugitive just to save
the life I live
I'm gonna be Iron like a Lion in Zion (repeat)
Iron Lion Zion, Iron Lion Zion, Iron Lion
Zion Iron like a Lion in Zion, Iron like
a lion in Zion iron like a Lion in Zion

# Iron Lion Zion

*Words and Music by Bob Marley*

19

# Crazy Baldheads

*Words and Music by Rita Marley and Vincent Ford*

Them crazy, them crazy
We gonna chase those crazy
Baldheads out of town
Chase those crazy baldheads
Out of town

I and I build the cabin
I and I plant the corn
Didn't my people before me
Slave for this country
Now you look me with a scorn
Then you eat up all my corn

We gonna chase those crazy baldheads
Chase them crazy
Chase those crazy baldheads out of town

Build your penitentiary, we build your schools
Brainwash education to make us the fools
Hate is your reward for our love
Telling us of your God above

We gonna chase those crazy
Chase those crazy bunkheads
Chase those crazy baldheads out of town

Here comes the conman
Coming with his con plan
We won't take no bribe, we got to stay alive

We gonna chase those crazy
Chase those crazy baldheads
Chase those crazy baldheads out of town

# Crazy Baldheads

*Words and Music by Rita Marley and Vincent Ford*

26

# So Much Trouble In The World

*Words and Music by Bob Marley*

So much trouble in the world now (repeat)
Bless my eyes this morning
JAH sun is on the rise once again
The way earthly things are going
Anything can happen

You see men sailing on their ego trips
Blast off on their spaceships
Million miles from reality
No care for you, no care for me
So much trouble in the world now (repeat)
All you've got to do is give a little
Take a little, give a little
One more time ye-a-h! ye-ah!

So you think you have found the solution
But it's just another illusion
So before you check out your tide
Don't leave another cornerstone standing
there behind

We have got to face the day, ooh we come
what may
We the street people talking, we the people
struggling

Now they are sitting on a time bomb
Now I know the time has come
What goes up must come down
Goes around comes around
So much trouble in the world
So much trouble in the world
So much trouble in the world
There is so much trouble, there is so
much trouble
There is so much trouble
There is so much trouble in the world
There is so much trouble in the world

# So Much Trouble In The World

Words and Music by Bob Marley

# War

*Words and Music by A. Cole and C. Barrett*

Until the philosophy which hold one race
Superior and another inferior
Is finally and permanently discredited
and abandoned
Ev'rywhere is war, me say war

That until there are no longer first class
And second class citizens of any nation
Until the colour of a man's skin
Is of no more significance than the colour
of his eyes
Me say war

That until the basic human rights are equally
Guaranteed to all, without regard to race
Dis a war

That until that day
The dream of lasting peace, world citizenship
Rule of international morality
Will remain in but a fleeting illusion
To be pursued, but never attained
Now ev'rywhere is war, war

And until the ignoble and unhappy regimes
That hold our brothers in Angola,
in Mozambique,
South Africa sub-human bondage
Have been toppled, utterly destroyed
Well, ev'rywhere is war, me say war

War in the east, war in the west
War up north, war down south
War, war, rumours of war

And until that day, the African continent
Will not know peace, we Africans will fight

We find it necessary and we know we
shall win
As we are confident in the victory

Of good over evil, good over evil, good
over evil
Good over evil, good over evil, good
over evil

# War

*Words and Music by A. Cole and C. Barrett*

# Africa Unite

*Words and Music by Bob Marley*

Africa, Unite
'Cause we're moving right out of Babylon
And we're going to our father's land

How good and how pleasant it would be
Before God and man, yeah
To see the unification of all Africans, yeah
As it's been said already let it be done, yeah
We are the children of the Rastaman
We are the children of the Higher Man

Africa, Unite 'cause the children wanna
come home
Africa, Unite 'cause we're moving right
out of Babylon
And we're grooving to our father's land

How good and how pleasant it would be
Before God and man
To see the unification of all Rastaman, yeah

As it's been said already let it be done, yeah
I tell you who we are under the sun
We are the children of the Rastaman
We are the children of the Higher Man

So, Africa, Unite, Africa, Unite
Unite for the benefit of your people
Unite for it's later than you think

Unite for the benefit of your children
Unite for it's later than you think
Africa awaits its creators, Africa awaiting
its creators
Africa, you're my forefather cornerstone
Unite for the Africans abroad, unite for
the Africans a yard
Africa, Unite

# Africa Unite

*Words and Music by Bob Marley*

# Trench Town Rock

*Words and Music by Bob Marley*

One good thing about music, when it
hits you
Feel no pain (repeat)
So hit me with music, hit me with music
Hit me with music, hit me with music now
I got to say trench town rock
I say don't watch that
Trench town rock, big fish or sprat
Trench town rock, you reap what you sow
Trench town rock, and everyone know now
Trench town rock, don't turn your back
Trench town rock, give the slum a try
Trench town rock, never let the children cry
Trench town rock, 'cause you got to tell JAH,
JAH

You grooving Kingston 12, grooving,
Kingston 12
Grooving woe, woe, it's Kingston 12
Grooving it's Kingston 12
No want you fe galang so,
No want you fe galang so

You want come cold I up
But you can't come cold I up
'Cause I'm grooving, yes I'm grooving

I say one good thing, one good thing
When it hits you feel no pain
One good thing about music
When it hits you feel no pain
So hit me with music
Hit me with music now
Hit me with music, hit me with music
Look at that,
Trench town rock, I say don't watch that,
Trench town rock, if you big fish or sprat,
Trench town rock, you reap what you sow,
Trench town rock, and everyone know now,
Trench town rock, never turn your back,
Trench town rock, give the slum a try,
Trench town rock, never let the children cry,
Trench town rock, 'cause you go to tell JAH,
JAH why
Grooving, grooving, grooving, grooving

# Trench Town Rock

*Words and Music by Bob Marley*

To Coda

# I Gotta Keep On Movin'

*Words and Music by Curtis Mayfield*

Lord I got to keep on moving
Lord I got to get on down
Lord I've got to keep on moving
Where I can't be found, where I can't
be found
Lord they coming after me

I've been accused on my mission
JAH knows you shouldn't do
For hanging me they were willing yeah! yeah!
And that's why I've got to get on thru
Lord they coming after me

Lord I got to keep on moving
Lord I got to get on down
Lord I've got to keep on moving
Where I can't be found
Lord they're coming after me

I know someday we'll find that piece
Of land somewhere not nearby Babylon
The war will soon be over and Africa
Will unite the children who liveth in
Darkness have seen the great light

I've got two boys and a woman
And I know they won't suffer now
JAH forgive me for not going back
But I'll be there anyhow
Yes I'll be there anyhow

Lord I got to keep on moving
Lord I got to get on down
Lord I've got to keep on moving
Where I can't be found, where I can't
be found
Lord they coming after me

# I Gotta Keep On Movin'

*Words and Music by Curtis Mayfield*

# Sun Is Shining

*Words and Music by Bob Marley*

Sun is shining, the weather is sweet
Make you want to move your dancing feet
To the rescue, here I am
Want you to know, y'all, where I stand

(Monday morning) here I am
want you to know just if you can
(Tuesday evening) where I stand
(Wednesday morning)
Tell myself a new day is rising
(Thursday evening) get on the rise
A new day is dawning
(Friday morning) here I am
(Saturday evening) want you to know just
Want you to know just where I stand

When the morning gathers the rainbow
Want you to know I'm a rainbow too
So, to the rescue here I am
Want you to know just if you can
Where I stand, know, know, know,
know, know

We'll lift our heads and give JAH praises
We'll lift our heads and give JAH praises, yeah

Sun is shining, the weather is sweet
Make you want to move your dancing feet
To the rescue, here I am
Want you to know just if you can
Where I stand

(Wednesday morning) tell myself a new
day is rising
(Thursday evening) get on the rise a new
day is dawning
(Friday morning) here I am
(Saturday evening) want you to know just
Want you to know just where I stand

When the morning gathers the rainbow
Want you to know I'm a rainbow too
So to the rescue, here I am
Want you to know just if you can
Where I stand, know, know, know,
know, know

We'll lift our heads and give JAH praises
(repeat)
Sun is shining, the weather is sweet
Make you want to move your dancing feet
To the rescue, here I am
Want you to know just if you can
Where I stand, no, no, no, no, where I stand
Sun is shining, sun is shining

# Sun Is Shining

*Words and Music by Bob Marley*

69

# Who The Cap Fits

*Words and Music by Aston Barrett and Carlton Barrett*

Man to man is so unjust, children
You don't know who to trust
Your worst enemy could be your best friend
And your best friend your worst enemy

Some will eat and drink with you
Then behind them su-su 'pon you
Only your friend know your secrets
So only he could reveal it
And who the cap fit, let them wear it (repeat)
Said I throw me corn, me no call no fowl
I saying, "Cok-cok-cok, cluk-cluk-cluk"

Some will hate you, pretend they love
you now
Then behind they try to eliminate you
But who JAH bless, no one curse
Thank God we're past the worse

Hypocrites and parasites
Will come up and take a bite
And if your night should turn to day
A lot of people would run away
And who the cap fit let them wear it (repeat)

And then a gonna throw me corn
And then a gonna call no fowl
And then a gonna "Cok-cok-cok, cluk-
cluk-cluk"

Some will eat and drink with you
And then behind them su-su 'pon you
And if your night should turn to day
A lot of people will run away
And who the cap fit, let them wear it (repeat)
I throw me corn, me no call no fowl
I saying "Cok-cok-cok, cluk-cluk-cluk"

# Who The Cap Fits

*Words and Music by Aston Barrett and Carlton Barrett*

74

# One Drop

*Words and Music by Bob Marley*

Feel it in the one drop
And we'll still find time to rap
We're making the one stop
The generation gap
So feel this drum beat
As it beats within
Playing a rhythm resisting against the system
Ooh-we I know JAH'd never let us down
Pull your rights from wrong
I know JAH'd never let us down
Oh no! oh no! oh no!

They made the world so hard
Everyday we got to keep on fighting
They made the world so hard
Everyday the people are dying
From hunger and starvation, lamentation
But read it in Revelation
You'll find your redemption
And then you give us the teaching of
His Majesty
For we no want no devil philosophy

Feel it on the one drop
And we still find time to rap
We're making the one stop
And we fill in the gap
So feel this drum beat
As it beats within, playing a rhythm
Fighting against ism and skism

# One Drop

*Words and Music by Bob Marley*

82

# Roots, Rock, Reggae

*Words and Music by Bob Marley*

Play I some music, this a reggae music
(repeat)
Roots, Rock, Reggae, this a reggae music
(repeat)

Hey mister music, sure sounds good
to me
I can't refuse it, what to be got to be
Feel like dancing, dance 'cause we
are free
Feel like dancing, come dance with me
Roots, Rock, Reggae, this a reggae music
(repeat)
Play I some music, this a reggae music
(repeat)

Play I on the R&B, want all my people
to see
We bubbling on the top 100, just like
a mighty dread
(repeat)

Roots, Rock, Reggae, this a reggae music
(repeat)
Play I some music, this a reggae music
(repeat)

# Roots, Rock, Reggae

*Words and Music by Bob Marley*

# Pimper's Paradise

*Words and Music by Bob Marley*

She loves to party, have a good time
She looks to hearty, feeling fine
She loves to smoke, sometime shifting coke
She'll be laughing when there ain't no joke

A pimper's paradise, that's all she was now
A pimper's paradise, that's all she was
A pimper's paradise, that's all she was now
A pimper's paradise, that's all she was

Every need got an ego to feed
Every need got an ego to feed

She loves to model, up in the latest fashion
She's in the scramble and she moves
with passion
She's getting high, trying to fly the sky
Now she is bluesing when there ain't no blues
A pimper's paradise, that's all she was now
A pimper's paradise, that's all she was
A pimper's paradise, that's all she was now
A pimper's paradise, that's all she was
Every need got an ego to feed
Every need got an ego to feed

A pimper's paradise, that's all she was now
A pimper's paradise, that's all she was
A pimper's paradise, I'm sorry for the
victim now
A pimper's paradise, soon their heads,
soon their
Soon their very heads will bow
Pimper's paradise, don't lose track
Don't lose track of yourself oh no!
Pimper's paradise, don't be just a stock,
a stock on the shelf
Stock on the shelf, Pimper's paradise that's
all she was

# Pimper's Paradise

*Words and Music by Bob Marley*

Em

their, soon ___ their ver - y heads will bow. ___

Fmaj7

Pimp - er's ___ par - a - dise, don't lose track, don't
Pimp - er's ___ par - a - dise, that's all she was.

G                                                          F

lose track of your - self, ___ oh ___ no! Pimp - er's _ par - a - dise, don't _
*(Vocals fade)*

Em

**Repeat ad lib. and Fade**

___ be just a stock, a stock on the shelf, stock on the shelf.

# Time Will Tell

*Words and Music by Bob Marley*

JAH would never give the power
to a baldhead
Run come crucify the dread

Time alone, oh! time will tell
Think you're in heaven, but you living in hell
Think you're in heaven, but you living in hell
Think you're in heaven, but you living in hell
Time alone, oh! time will tell
Think you're in heaven, but you living in hell

Back them up, oh not the brothers
But the ones, who set them up

Time alone, oh! time will tell
Think you're in heaven, but you living in hell
Think you're in heaven, but you living in hell
Think you're in heaven, but you living in hell
Time alone, oh! time will tell
Think you're in heaven, but you living in hell

*Vocal ad lib.

Oh children weep no more
Oh my sycamore tree, saw the freedom tree
Saw you settle the score
Oh children weep no more
Weep no more, children weep no more

JAH would never give the power to a
baldhead
Run come crucify the dread

Time alone, oh! time will tell
Think you're in heaven, but you living in hell
Think you're in heaven, but you living in hell
Think you're in heaven, but you living in hell
Time alone, oh! time will tell
Think you're in heaven, but you living in hell

# Time Will Tell

*Words and Music by Bob Marley*

# USING THE STRUM PATTERNS

The songs in this book include suggested strum patterns (Strum Pattern 1.) for guitar. These numbers refer to the numbered strum patterns below.

The strumming notation uses special symbols to indicate up and down strokes.

$$\sqcap = \text{DOWN}$$

$$V = \text{UP}$$

Feel free to experiment with these basic patterns to create your own rhythmic accompaniment.

## STRUM PATTERNS

Note: When an (x) is indicated in the pattern, mute the strings.